L'Oiseau-émoi

À mes enfants
Tal, Laliv, et Tamar.
M. S.

À Marie-Ange et Alain Lescarmontier.
M. D.

Michal Snunit • Martine Delerm

L'Oiseau-émoi

Seuil
jeunesse

Nul ne l'a jamais vue

mais chacun sait qui elle est.

Chacun sait qu'elle est là,

au fond,

tout au fond de soi :

l'âme.

Au *fond*,

tout au fond de l'âme,

il y a un oiseau,

perché

sur un pied.

C'est l'oiseau-émoi

qui ressent

ce qu'on sent

tout au fond de soi.

Quand on nous blesse,
l'oiseau tourne en rond,
se morfond
de douleur.
Quand on nous aime,
il saute et sautille,
gambade et gambille.

Si l'on crie notre nom,

il écoute avec attention.

Il a très envie

de savoir de quoi il s'agit.

Qu'on nous agresse,

il se roule

en boule,

muet de tristesse.

Mais qu'on nous embrasse…

…le voilà qui se déploie,

s e   d é p l o i e

tout au fond de soi,

il emplit l'espace.

C'est si doux

quand on nous embrasse !

Au fond,

tout au fond de nous

vit l'âme.

Nul ne l'a jamais vue,

mais chacun sait qu'elle y est.

Jamais

personne ne vint au monde

sans elle.

Elle étincelle

dès qu'on naît

et, comme l'air qu'on respire,

jamais ne nous abandonne,

pas même une seconde…

…tant qu'on est.

Voulez-vous savoir

de quoi l'oiseau est fait ?

C'est très simple, en fait !

Il est fait de tiroirs !

Oui, de tiroirs bien verrouillés !

À chacun sa clé.

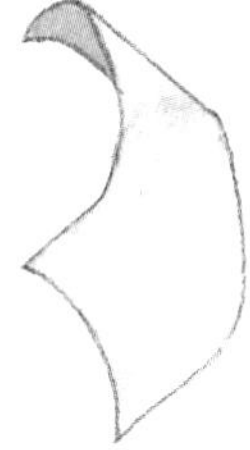

L'oiseau seul peut ouvrir ces tiroirs...
Et comment ? me direz-vous.
Oh, c'est simple comme tout !
L'oiseau se tient sur un pied et de l'autre,
caché sous son aile quand il dort,
il tourne la clé, tire la poignée
et sort tout pêle-mêle !

Et comme il y a un tiroir
pour chaque sentiment,
l'oiseau-émoi
a beaucoup, beaucoup de tiroirs !

Des tiroirs
pour rire, pleurer,
désirer, être comblé,
espérer, désespérer,
patienter, s'impatienter
et puis un pour haïr
et un pour être aimé…
Il y a même
un tiroir pour la paresse
et un, c'est fou,
pour ne rien faire du tout !
Et aussi un tiroir secret
pour nos secrets les plus secrets
qu'on n'ouvre presque jamais.
Et d'autres, encore et encore,
tous les tiroirs

qu'on peut rêver d'avoir !

Parfois vous dites à l'oiseau

quelle clé choisir, quel tiroir ouvrir.

Parfois hélas !

il choisit à votre place.

Et voilà !

vous rêviez de vous taire,

d'ouvrir le tiroir du silence,

mais l'oiseau, tête folle,

a ouvert le tiroir aux paroles

et vous parlez, vous parlez…

Vous qui vouliez écouter sagement…

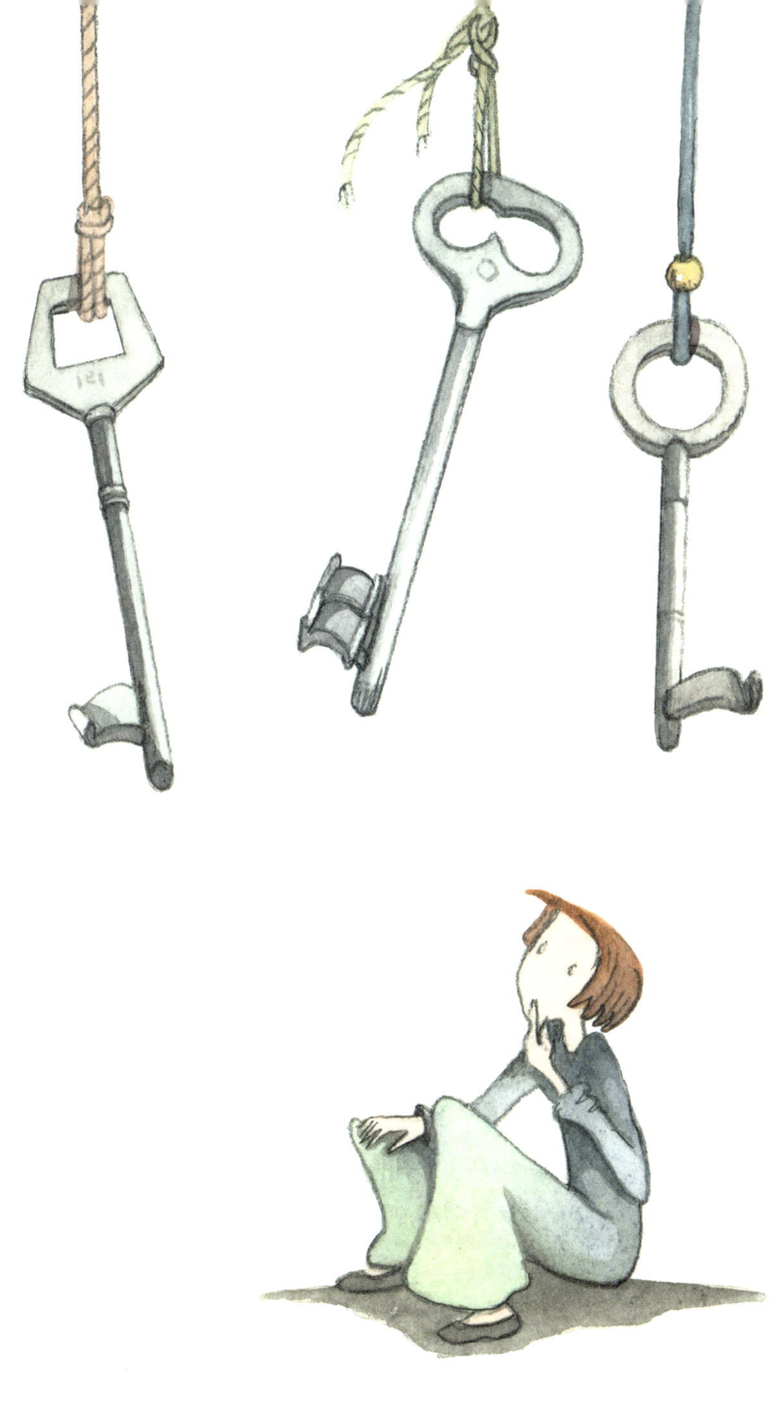

Parfois

vous êtes jaloux

sans raison du tout,

et parfois

ne faites que gêner

quand vous vouliez aider.

L'oiseau n'obéit pas à tous les coups !

À présent

vous avez compris

que chacun est différent

parce que vit en lui

un oiseau différent.

L'oiseau qui ouvre dès l'aurore

le tiroir du bonheur

répand la joie dans votre corps

et vous voilà heureux !

Mais si l'oiseau laisse ouvert
le tiroir de la COLÈRE,
vous resterez fâché
tant qu'il ne l'aura pas refermé.

Un oiseau,
mal dans ses plumes,
ouvrira, c'est fatal,
les tiroirs qui font mal.

Un oiseau, bien dans ses plumes,
ouvrira, c'est beaucoup mieux,
les tiroirs qui rendent heureux.

L'essentiel

est d'écouter l'oiseau de l'âme

qui nous appelle

parfois en vain.

Quel drame !

Il veut seulement

nous parler de nous,

nous parler de ces sentiments

dans le noir des tiroirs.

Les uns

l'entendent à tout moment.

Les autres moins souvent.

Et quelques-uns aussi,

juste une fois dans leur vie.

Aussi

serait-ce une chance,

peut-être dans le silence,

tard la nuit,

d'écouter cet oiseau-là

tout au fond, au fond

de soi...

Titre original THE SOUL BIRD
Text copyright © El-AZ Ltd and Michal Snunit 1998, 2004
THE SOUL BIRD a été publié pour la première fois
chez Massada Publishers en 1985.

© Éditions du Seuil, 2008
Dépôt légal : septembre 2008, n° 98021-1
Isbn : 978-2-02-098021-0

Loi 49-956 du 16 juillet 1949 sur les publications destinées à la jeunesse.
Tous droits de reproduction réservés
Imprimé en France
www.editionsduseuil.fr

Conception graphique : Anne Schlaffmann
Imprimé par Pollina à Luçon, France